A história ou a leitura do tempo

■ ENSAIO GERAL

Roger Chartier

A história ou a leitura do tempo

Tradução
Cristina Antunes

2ª edição
4ª reimpressão

autêntica

Copyright © 2007 Editorial Gedisa S.A.
Copyright desta edição © 2009 Autêntica Editora LTDA.

Título original: *La historia o la lectura del tiempo*

Todos os direitos reservados pela Autêntica Editora Ltda. Nenhuma parte desta publicação poderá ser reproduzida, seja por meios mecânicos, eletrônicos, seja via cópia xerográfica, sem a autorização prévia da Editora.

EDITORA RESPONSÁVEL
Rejane Dias

EDITORA ASSISTENTE
Cecília Martins

REVISÃO
Cecília Martins
Ana Carolina Lins

PROJETO GRÁFICO DA CAPA
Diogo Droschi

DIAGRAMAÇÃO
Tales Leon de Marco

Dados Internacionais de Catalogação na Publicação (CIP)
(Câmara Brasileira do Livro, SP, Brasil)

Chartier, Roger, 1945- .
   A história ou a leitura do tempo / Roger Chartier ; [tradução de Cristina Antunes]. – 2. ed.; 4. reimp. – Belo Horizonte : Autêntica, 2020. – (Coleção Ensaio Geral).

   Título original: La historia o la lectura del tiempo.
   ISBN 978-85-7526-393-8

   1. Comunicação escrita 2. Historiografia - Século 20 3. Livros - História 4. Livros e leitura I. Título. II. Título: A leitura do tempo

09-03244   CDD- 028

Índices para catálogo sistemático:
1. Livros e leitura : História 028

Belo Horizonte   São Paulo
Rua Carlos Turner, 420   Av. Paulista, 2.073, Conjunto Nacional
Silveira . 31140-520   Horsa I . 23° andar . Conj. 2310-2312
Belo Horizonte . MG   Cerqueira César . 01311-940 São Paulo . SP
Tel.: (55 31) 3465 4500   Tel.: (55 11) 3034 4468

www.grupoautentica.com.br

7 Nota prévia

11 A história, entre relato e conhecimento

17 A instituição histórica

21 As relações no passado.
História e memória

24 As relações no passado.
História e ficção

33 Do social ao cultural

45 Discursos eruditos e práticas populares

53 Micro-história e globalidade

59 A história na era digital

65 Os tempos da história

69 Referências

Nota prévia

∾

Este livro é o décimo que publico em português. Sua publicação me permite recordar quais foram as mutações de minha disciplina, a história, depois de 1988, data de minha primeira obra editada em português, *A história cultural entre práticas e representações*. A partir de uma série de reflexões metodológicas e diversos estudos de caso, o livro citado propunha um conjunto de conceitos que proporcionava novos modelos de análise capazes de superar os limites das duas formas que dominavam a história cultural: por um lado, a história das mentalidades tal como a definiam as obras de Lucien Febvre ou Robert Mandrou; por outro lado, uma história quantitativa, que seguia os métodos estatísticos da história econômica e social. As noções de *representação*, *práticas* e *apropriação* que se encontram em meu livro de 1988 propunham uma aproximação que insistia mais nos usos particulares do que nas distribuições estatísticas. Nesse sentido, chamava a atenção para os gestos e comportamentos, e não apenas para as ideias e os discursos, e considerava as representações (individuais ou coletivas, puramente mentais, textuais ou iconográficas) não como simples reflexos verdadeiros ou falsos da realidade, mas como entidades que vão construindo as próprias divisões do mundo social.

Em 1994, foi publicado um segundo livro meu em português no Brasil: *A ordem dos livros. Leitores, autores e bibliotecas na Europa entre os séculos XIV e XVIII*. É também uma obra muito importante para mim porque foi o ensaio com o qual comecei a definir o campo de trabalho que é ainda o meu hoje em dia. Em *A ordem dos livros* tratei de vincular várias aproximações até então separadas: a crítica textual, a história do livro e a sociologia histórica da cultura. Nele, propunha algumas questões que continuam me acompanhando; entre elas as modalidades históricas da construção da figura do autor e o papel das várias maneiras de ler no processo que dá sentido aos textos, assim como a diferença entre as bibliotecas de pedra e as bibliotecas de papel (quando a palavra designa uma coleção impressa), uma diferença que ilustra a tensão entre o desejo de universalidade que conduz ao sonho de uma biblioteca que abarque todos os livros que foram escritos (ou, com Borges, que poderiam sê-lo) e que requer – diante do temor do excesso – escolhas e seleções, multiplicando-se, assim, os extratos e as antologias.

Ainda que os historiadores tenham sido sempre os piores profetas, certamente, no entanto, podem ajudar a compreender as heresias acumuladas que fizeram de nós o que somos hoje. Foi essa a certeza que fundamentou outros livros meus: *A aventura do livro: do leitor ao navegador. Conversações com Jean Lebrun* (1998a); *Os desafios da escrita* (2002b) e *Formas e sentido. Cultura escrita: entre distinção e apropriação* (2003a). A série de ensaios e diálogos reunidos neles respondia a um esforço para situar as mudanças que a entrada na cultura digital impõe a uma história de longa duração da cultura escrita. Tratava-se, então, de refletir sobre os desafios do presente, pois se constata uma nova definição dos papéis das antigas formas da comunicação (palavra viva, escrita manuscrita, publicação impressa), requerida pela importância cada dia mais forte de uma nova modalidade de composição, transmissão e apropriação do escrito (e também das imagens da palavra e da música). A invenção da escrita no mundo da oralidade, a aparição do códice no mundo dos rolos ou a difusão da imprensa no mundo do manuscrito obrigaram a semelhantes, se não idênticas, reorganizações das práticas culturais (CHARTIER, 2002a; 2003a). Recordá-lo não significa que a história se repita, e sim destacar que esta pode buscar conhecimentos e ajudar a compreensão crítica das inovações do presente, as quais, por sua vez, nos seduzem e nos inquietam.

Ao apresentar as transformações que sofreu, nestes últimos 30 anos, a disciplina a que pertenço – a história –, este novo livro (sugerido primeiro pela editora espanhola Gedisa para seu projeto Visión 3X) me dá a oportunidade de continuar com uma reflexão que comecei em um livro publicado em 1998 e traduzido para o português em 2002 – *À beira da falésia* –, no qual tratava de responder a uma questão que naquele momento obcecava os historiadores: a de uma suposta "crise da história".

Nota prévia

A história, entre relato
e conhecimento

❧

Talvez seja conveniente recordar as duas perguntas formuladas nesse texto a fim de compreender melhor a novidade das questões que habitam em nosso presente. A primeira derivava diretamente da evidenciação das dimensões retórica e narrativa da história, designadas com perspicácia em três obras fundacionais publicadas entre 1971 e 1975: *Comment on écrit l'histoire* (*Como se escreve a história*), de Paul Veyne (1971), *Metahistory* (*Meta-história*), de Hayden White (1973), e *L'Écriture de l'Histoire* (*A escrita da história*), de Michel de Certeau (1975). Veyne (1971, p. 67), ao afirmar que a história "é, antes de tudo, um relato e o que se denomina explicação não é mais que a maneira de a narração se organizar em uma trama compreensível"; Hayden White (1973, p. IX), ao identificar "as formas estruturais profundas da imaginação histórica" com as quatro figuras da retórica e da poesia clássica, ou seja, a metáfora, a metonímia, a sinédoque e a ironia; e de Certeau (1975, p. 110), ao afirmar que "o discurso *histórico* pretende dar um conteúdo verdadeiro (que vem da verificabilidade), mas sob forma de uma narração", obrigavam os historiadores a abandonar a certeza de uma coincidência total entre o passado tal como foi e a explicação histórica que o sustenta.

Essa interpelação suscitou uma profunda preocupação, já que, durante muito tempo, a história havia esquivado sua pertinência à classe dos relatos e havia apagado as figuras próprias de sua escritura, reivindicando seu cientificismo. Assim, quer se trate de uma recopilação de exemplos à moda antiga, quer se ofereça como conhecimento de si mesma na tradição historicista e romântica alemã, quer se proclame "científica", a história não podia senão recusar pensar-se como um relato e como uma escritura. A narração não podia ter uma condição própria, pois, conforme os casos, estava submetida às disposições e às figuras da arte retórica, ou seja, era considerada como o lugar onde se revelava o sentido dos próprios fatos ou era percebida como um obstáculo importante para o conhecimento verdadeiro (HARTOG, 1994). Só o questionamento dessa epistemologia da coincidência e a tomada de consciência sobre a brecha existente entre o passado e sua representação, entre o que foi e o que não é mais e as construções narrativas que se propõem a ocupar o lugar desse passado permitiram o desenvolvimento de uma reflexão sobre a história, entendida como uma escritura sempre construída a partir de figuras retóricas e de estruturas narrativas que também são as da ficção.

Daí deriva a questão principal em que se baseou o diagnóstico de uma possível "crise da história" nos anos 1980 e 1990. Se a história como disciplina de saber partilha suas fórmulas com a escritura de imaginação, é possível continuar atribuindo a ela um regime específico de conhecimento? A "verdade" que produz é diferente da que produzem o mito e a literatura? Sabe-se que essa é a posição muitas vezes reafirmada por Hayden White, para quem o conhecimento que o discurso histórico propõe, visto que é "uma forma de operação para criar ficção", é da mesma ordem que o conhecimento que dão, do mundo ou do passado, os discursos do mito e da ficção. Do mesmo modo, sabe-se que, contra essa dissolução da condição própria do conhecimento histórico, se reafirmou vigorosamente a capacidade de saber crítico da disciplina, apoiada em suas técnicas e operações específicas. Em sua resistência tenaz à "maquina de guerra cética" pós-modernista do "giro linguístico" ou do "giro retórico", Carlo Ginzburg lembrou várias vezes que, na posteridade da retórica aristotélica, prova e retórica não são antinômicas, mas, antes, estão indissociavelmente ligadas e que, de mais a mais, desde o Renascimento a história soube elaborar as técnicas eruditas que permitem separar o verdadeiro do falso. Daí sua firme conclusão: reconhecer as dimensões retórica ou narrativa da escritura da história não implica, de modo algum, negar-lhe sua condição de conhecimento verdadeiro, construído a partir de provas e de controles. Por isso, "o conhecimento (mesmo o conhecimento histórico) é possível" (GINZBURG, 1999, p. 25).

Todas as tentativas de refundação epistemológica do regime próprio da cientificidade da história, distinto, por sua vez, das verdades da ficção e da linguagem matemática das ciências da natureza, compartilharam essa afirmação. Diferentes propostas marcaram essa busca: a volta a um paradigma alternativo, designado por Carlo Ginzburg (1979) como "indiciário", porque baseia o conhecimento na colheita e na interpretação dos sinais, e não no processamento estatístico dos dados, ou a definição de um conceito de objetividade capaz de articular a seleção entre as afirmações admissíveis e as que não o são, com a legítima pluralidade das interpretações (APPLEBY; HUNT; JACOB, 1994, p. 283), ou, mais recentemente, as reflexões em torno de modelos teóricos e operações cognitivas que permitem estabelecer um saber generalizável a partir de estudos de caso, micro-histórias ou estudos comparativos (PASSERON; REVEL, 2005; FORMES..., 2007). Todas essas perspectivas, por mais diferentes que sejam, se inscrevem em uma intenção de verdade que é constitutiva do próprio discurso histórico.

Tais perspectivas permitiram acalmar as preocupações dos historiadores, cujas certezas resultaram extremamente abaladas pela evidenciação do paradoxo inerente a seu trabalho, pois, como afirmou Michel de Certeau (1975, p. 5), "a *historiografia* (ou seja, 'história' e 'escritura') traz inscrito no próprio nome o paradoxo – e quase o oximoro – do relacionamento de dois termos antinômicos: o real e o discurso". Reconhecer esse paradoxo leva a repensar oposições formuladas demasiado bruscamente entre a história como discurso e a história como saber. Com Reinhart Koselleck (1998), de Certeau foi, sem dúvida, o historiador mais atento às propriedades formais do discurso histórico, colocado e diferenciado dentro da classe dos relatos. Demonstrou como a escritura da história, que supõe a ordem cronológica, o fechamento do texto e o recheio dos interstícios, inverte o procedimento da investigação, que parte do presente, que poderia não ter fim e que se confronta sem cessar com as lacunas da documentação. Demonstrou também que, diferentemente de outros relatos, a escritura da história está desdobrada, folheada, fragmentada: "coloca-se como historiográfico o discurso que 'compreende' seu outro – a crônica, o arquivo, o documento –, quer dizer, aquilo que se organiza *folheado*, do qual uma metade, contínua, se apoia sobre outra, disseminada, e assim se dá o poder de dizer o que a outra significa sem a saber. Pelas 'citações', pelas referências, pelas notas e por todo o aparelho de remetimentos pertinentes a uma linguagem primeira, o discurso se estabelece como *saber do outro*" (DE CERTEAU, 1975, p. 111). A história como escritura desdobrada tem, então, a tripla tarefa de convocar o passado, que já não está num discurso no presente; mostrar as competências do historiador, dono das fontes; e convencer o leitor: "Sob esse aspecto, a estrutura desdobrada do discurso funciona à maneira de uma maquinaria que extrai da citação uma verossimilhança do relato e uma validade do saber. Ela produz credibilidade" (DE CERTEAU, 1975, p. 111).

Isso significa, então, que não há aí mais que um teatro da erudição que de modo algum dá à história a possibilidade de produzir um conhecimento adequado do passado? Não era essa a posição de Michel de Certeau que, em um livro dedicado a caracterizar as propriedades específicas da escritura da história, lembra com firmeza a dimensão de conhecimento da disciplina. Para ele, a história é um discurso que produz enunciados "científicos", se se define com esse termo "a possibilidade de estabelecer um conjunto de *regras* que permitam 'controlar' operações proporcionais à produção de objetos determinados" (DE CERTEAU, 1975, p. 64, nota 5). Todas as palavras dessa citação são importantes: "produção de objetos determinados" remete à construção do objeto histórico pelo historiador, já que o passado nunca é um objeto que já está ali; "operações" designa as práticas próprias da tarefa do historiador (recorte e processamento das fontes, mobilização de técnicas de análise específicas, construção de hipótese, procedimentos de verificação); "regras" e "controles" inscrevem a história em um regime de saber compartilhado, definido por critérios de prova dotados de uma validade universal. Como em Ginzburg (e, talvez, mais do que ele mesmo pense, já que ele colocaria de Certeau no campo dos céticos), acham-se associados, e não opostos, conhecimento e relato, prova e retórica, saber crítico e narração.

A instituição histórica

Em 1999, outra pergunta se referia à própria "instituição histórica", ou seja, aos efeitos na prática dos historiadores do lugar social onde se exerce sua atividade. Como afirmou de Certeau (1975, p. 78): "Antes de saber o que a história *diz* de uma sociedade, é necessário saber como funciona dentro dela. Essa instituição se inscreve num complexo que lhe *permite* apenas um tipo de produção e lhe *proíbe* outros. Tal é a dupla função do lugar. Ele torna possíveis certas pesquisas em função de conjunturas e problemáticas comuns. Mas torna outras *impossíveis*; exclui do discurso tudo aquilo que é a sua condição num momento dado; representa o papel de uma censura com relação aos postulados presentes (sociais, econômicos, políticos) na análise". Poder-se-ia compreender essa observação, em primeiro lugar, nos termos de história da história e identificar, na muito longa duração, os lugares sociais sucessivos nos quais se produziu um discurso da história: a cidade, desde a Grécia até as cidades do Renascimento italiano, o mosteiro e a glória de Deus, a corte e o serviço do príncipe na era dos absolutismos, as redes eruditas e as academias de sábios, as universidades a partir do século XIX. Cada um desses lugares impõe à história não apenas objetos próprios, mas também modalidades do trabalho intelectual, formas de escritura, técnicas de prova e de persuasão. Um bom exemplo disso é, entre os séculos XVI e XVIII, o contraste entre a história dos historiógrafos dos príncipes e a história dos eruditos antiquários (CHARTIER, 1993). A primeira, a dos historiógrafos oficiais, está organizada em forma de um relato dinástico que narra a história dos reis e da nação, identificados uns com a outra, e mobiliza as figuras da retórica para que, como destaca Louis Marin (1981, p. 95), "o que não é representado no relato e pelo narrador, o é enquanto efeito do relato durante a leitura pelo narratário". A segunda história, a dos eruditos, se faz por fragmentos, se apoia em investigações eruditas (documentais, arqueológicas, numismáticas, filológicas) e se aproxima dos usos e costumes humanos. Ainda que não se deva forçar a oposição – já que, até mesmo no tempo de Luís XIV, há cruzamentos entre história do rei e erudição –, esta estabeleceu, até hoje, a coexistência ou a concorrência entre as histórias gerais, sejam nacionais ou universais, e os trabalhos históricos dedicados ao estudo de objetos em particular (um território, uma instituição, uma sociedade).

Em cada momento, a "instituição histórica" se organiza segundo hierarquias e convenções que traçam as fronteiras entre os objetos históricos legítimos e os que não o são e, portanto, são excluídos ou censurados. É tentador traduzir no léxico da sociologia de Pierre Bourdieu, substituindo o termo "escritor" por "historiador", essas determinações que regem o "campo" da produção histórica e considerar como fundamentais as concorrências nas quais o que está em jogo é "o monopólio de poder dizer quem está autorizado a chamar-se historiador ou até mesmo para designar quem é historiador e quem tem autoridade para dizer quem é historiador" (BOURDIEU, 1991, p. 13). Em um mundo social como o do *Homo academicus*, onde a pertinência e a hierarquia estão reguladas pela obtenção de títulos acadêmicos, esse poder de designação se exerceu à custa dos *outsiders* (pensemos no caso de Philippe Ariès, que foi deixado por longo tempo à margem da "instituição histórica" francesa porque não era universitário) e governou tenazmente a distribuição da autoridade, as formas da divisão do trabalho, a dignidade ou a marginalidade dos temas de investigação e os critérios de apreciação ou de desvalorização das obras, o que de Certeau chama, não sem uma aguda ironia, de as "*leis* do meio".

A identificação dessas restrições incorporadas coletivamente, e sempre ocultadas no discurso histórico que elimina as condições de sua elaboração, deve substituir as razões alegadas, de Raymond Aron a Paul Veyne, para mostrar, elogiar ou denunciar o caráter subjetivo da história, a saber, os preconceitos e as curiosidades do historiador. As determinações que regem a escritura da história remetem mais fundamentalmente às práticas estabelecidas pelas "instituições técnicas da disciplina", que distribuem, de maneira variável conforme a época e o lugar, a hierarquia dos temas, as fontes e as obras. Por isso, essa identificação de modo algum implica impedir sua capacidade de conhecimento do saber histórico produzido sob as condições dessas determinações. De fato, a nova história das ciências (a de Simon Schaffer, Steven Shapin, Mario Biagioli ou Lorraine Daston) nos ensinou que não era contraditório relacionar os enunciados científicos com as condições históricas de sua possibilidade (sejam políticas, retóricas ou epistemológicas) e, ao mesmo tempo, considerar que produziam operações de conhecimento, submetidas a técnicas de saber, critérios de validação ou regimes de prova. Como disciplina "científica", a história é suscetível de um enfoque similar que não dissolva o conhecimento na historicidade, fechando o caminho para um relativismo cético, mas que também reconheça as variações dos procedimentos e as restrições que regem a operação histórica. A história da história, da mesma forma que a história das ciências, sofreu durante demasiado tempo a oposição estéril entre um enfoque da história das ideias, ligada exclusivamente às teorias da história e às categorias intelectuais aplicadas pelos historiadores, e um enfoque, definido (ou estigmatizado) como sociológico, atento aos espaços sociais da produção do saber histórico, seus instrumentos, suas convenções e suas técnicas.

A epistemologia histórica pela qual advoga Lorraine Daston (1998) não se aplica somente às práticas e aos regimes de racionalidade dos saberes que tiveram ou têm a natureza por objeto; promete uma visão mais sutil dos que se dediquem a representar o passado adequadamente.

As relações no passado.
História e memória

Atualmente, sem dúvida mais que em 1998, os historiadores sabem que o conhecimento que produzem não é mais que uma das modalidades da relação que as sociedades mantêm com o passado. As obras de ficção, ao menos algumas delas, e a memória, seja ela coletiva ou individual, também conferem uma presença ao passado, às vezes ou amiúde mais poderosa do que a que estabelecem os livros de história. Por isso, o que se deve analisar em primeiro lugar são essas concorrências. Graças ao grande livro de Paul Ricœur *A memória, a história, o esquecimento* (2000), as diferenças entre história e memória podem ser tratadas com clareza. A primeira é a que distingue o testemunho do documento. Se o primeiro é inseparável da testemunha e supõe que suas declarações sejam consideradas admissíveis, o segundo dá acesso a "acontecimentos que se consideram históricos e que nunca foram a recordação de ninguém". Ao testemunho, cujo crédito se baseia na confiança outorgada à testemunha, opõe-se a natureza indiciária do documento. A aceitação (ou o repúdio) da credibilidade da palavra que testemunha o fato é substituída pelo exercício crítico, que submete ao regime do verdadeiro e do falso, do refutável e do verificável os vestígios do passado.

Uma segunda diferença opõe o imediatismo da reminiscência à construção da explanação histórica, seja explicação pelas regularidades e pelas causalidades (desconhecidas pelos atores), seja explicação por suas razões (mobilizadas como estratégias explícitas). Para pôr à prova as modalidades da compreensão historiadora, Ricœur optou por privilegiar a noção de representação, por duas razões. Por um lado, ela tem uma dupla condição ambígua na operação historiográfica: designa uma classe de objetos em particular, definindo, ao mesmo tempo, o próprio regime dos enunciados históricos. Por outro lado, a atenção que presta à representação, como objeto e como operação, permite retomar a reflexão sobre as variações de escala que caracterizou o trabalho dos historiadores a partir das propostas da micro-história (REVEL, 1996) e, mais recentemente, das diferentes formas de retorno a uma história global.

Uma terceira diferença entre história e memória opõe reconhecimento do passado e representação do passado. À imediata fidelidade (ou suposta fidelidade) da memória opõe-se a intenção de verdade da história, baseada no processamento dos documentos, que são vestígios do passado, e nos modelos de inteligibilidade que constroem sua interpretação. E, contudo, disse Ricœur (2000, p. 306), a forma literária, em cada uma de suas modalidades (estruturas narrativas, figuras retóricas, imagens e metáforas), opõe uma resistência ao que ele designa como "a pulsão referencial do relato histórico". A função de "*representância*" da história (definida como "a capacidade do discurso histórico para representar o passado") é constantemente questionada, suspeitada pela distância necessariamente introduzida entre o passado representado e as formas discursivas necessárias para sua representação. Então, como certificar a representação histórica do passado?

Ricœur propõe duas respostas. A primeira, de ordem epistemológica, insiste na necessidade de distinguir claramente e articular as três "fases" da operação historiográfica: o estabelecimento da prova documental, a construção da explicação e a colocação em forma literária. A segunda resposta é menos familiar para os historiadores. Remete à certeza da existência do passado tal como a assegura o testemunho da memória. De fato, esta deve ser considerada como "matriz de história, na medida em que é a guardiã da problemática da relação representativa do presente com o passado" (RICŒUR, 2000, p. 106). Não se trata de reivindicar a memória contra a história, à maneira de alguns escritores do século XIX, e sim de mostrar que o testemunho da memória é o fiador da existência de um passado que foi e não é mais. O discurso histórico encontra ali a certificação imediata e evidente da referencialidade de seu objeto. Mesmo que aproximadas dessa maneira, a memória e a história continuam sendo incomensuráveis. A epistemologia da verdade que rege a operação historiográfica e o regime da crença que governa a fidelidade da memória são irredutíveis, e nenhuma prioridade, nem superioridade, pode ser dada a uma à custa da outra.

Sem dúvida, entre história e memória as relações são claras. O saber histórico pode contribuir para dissipar as ilusões ou os desconhecimentos que durante longo tempo desorientaram as memórias coletivas. E, ao contrário, as cerimônias de rememoração e a institucionalização dos lugares de memória deram origem repetidas vezes a pesquisas históricas originais. Mas não por isso memória e história são identificáveis. A primeira é conduzida pelas exigências existenciais das comunidades para as quais a presença do passado no presente é um elemento essencial da construção de seu ser coletivo. A segunda se inscreve na ordem de um saber universalmente aceitável, "científico", no sentido de Michel de Certeau.

As relações no passado.
História e ficção

Entre história e ficção, a distinção parece clara e resolvida se se aceita que, em todas as suas formas (míticas, literárias, metafóricas), a ficção é "um discurso que 'informa' do real, mas não pretende representá-lo nem abonar-se nele", enquanto a história pretende dar uma representação adequada da realidade que foi e já não é.

Nesse sentido, o real é ao mesmo tempo o objeto e o fiador do discurso da história. Hoje em dia, contudo, muitas razões ofuscam essa distinção tão clara. A primeira é a evidenciação da força das representações do passado propostas pela literatura. A noção de "energia", que tem um papel essencial na perspectiva analítica do *New Historicism*, pode ajudar a compreender como algumas obras literárias moldaram, mais poderosamente que os escritos dos historiadores, as representações coletivas do passado (GREENBLATT, 1988, p. 1-20). O teatro, nos séculos XVI e XVII, e o romance, no século XIX, se apoderaram do passado, deslocando para o registro da ficção literária fatos e personagens históricos e colocando no cenário ou na página situações que foram reais ou que são apresentadas como tais. Quando as obras estão habitadas por uma força em particular, adquirem a capacidade de "produzir, moldar e organizar a experiência coletiva mental e física" (GREENBLATT, 1988, p. 6) – e entre essas experiências se computa o encontro com o passado.

A título de exemplo, vejamos as *histories* ou peças históricas de Shakespeare. No fólio de 1623, que reúne pela primeira vez, sete anos depois da morte de Shakespeare, 36 de suas obras, a categoria de *histories*, situada entre as *comedies* e as *tragedies*, reúne dez obras que, seguindo a ordem cronológica dos reinados, conta a história da Inglaterra desde o rei João até Henrique VIII, excluindo da categoria outras *histories*, as dos heróis romanos ou príncipes dinamarqueses e escoceses, situadas na categoria *tragedies*. Os editores de 1623 transformaram em uma história dramática e contínua da monarquia inglesa obras escritas em uma ordem que não era a dos reinados, mas, antes, se incluem entre as obras mais representadas e mais publicadas antes do fólio de 1623. De modo que é certo que, como declara Hamlet (*Hamlet*, II, 2), os atores "são o compêndio e a crônica do mundo" e que as obras históricas moldaram, para seus espectadores e leitores, representações do passado mais vivazes e mais efetivas que a história escrita nas crônicas que os dramaturgos utilizam.

Essa história representada nos cenários dos teatros é uma história recomposta, submetida às exigências da censura – como demonstra a ausência da cena da abdicação de Ricardo II nas três primeiras edições da obra – e está muito aberta aos anacronismos. Assim, na sua encenação da revolta de Jack Cade e seus artesãos de Kent em 1450, como aparece na segunda parte de *Henrique VI*, Shakespeare reinterpreta o fato atribuindo aos rebeldes de 1450 um modo de falar milenarista e igualitário e ações violentas, destrutivas de todas as formas de cultura escrita e de todos os que a encarnam, que os cronistas, no mais, associavam, com menor radicalização, com a revolta de Tyler e Straw de 1381. O resultado é uma representação ambivalente ou contraditória da revolta de 1450 que recapitula as fórmulas e os gestos das revoltas populares, ao mesmo tempo que deixa ver a figura carnavalesca, grotesca e cruel de uma impossível idade do ouro: a de um mundo ao revés, sem escritura, sem moeda, sem diferenças (CHARTIER, 2006). De modo que a história das *histories* se baseia na distorção das realidades históricas narradas pelos cronistas e propõe aos espectadores uma representação ambígua do passado, habitada pela confusão, pela incerteza e pela contradição.

Uma segunda razão que faz vacilar a distinção entre história e ficção reside no fato de que a literatura se apodera não só do passado, mas também dos documentos e das técnicas encarregados de manifestar a condição de conhecimento da disciplina histórica. Entre os dispositivos da ficção que minam a intenção ou a pretensão de verdade da história, capturando suas técnicas de prova, deve-se colocar o "efeito de realidade" definido por Roland Barthes ([1968] 1984) como uma das principais modalidades da "ilusão referencial". Na estética clássica, a categoria do "verossímil" assegurava o parentesco entre o relato histórico e as histórias fingidas, já que, segundo a definição do *Dictionnaire* de Furetière, de 1690, a história é "descrição, narração das coisas, ou das ações como ocorreram ou como podiam ocorrer". De modo que o tempo designa, em conjunto, "a narração contínua e encadeada de vários fatos memoráveis que sucederam em uma ou em várias nações ou em um ou em vários séculos" e "as narrações fabuladas porém verossímeis, que são simuladas por um autor". De maneira que a divisão não é entre a história e a fábula, mas sim entre os relatos verossímeis – mesmo que se refiram ao real ou não – e os que não o são. Entendida desse modo, a história está radicalmente separada das exigências críticas próprias da erudição e muito desapegada da referência à realidade como garante seu discurso.

Ao abandonar o verossímil, a fábula fortaleceu mais sua relação com a história, multiplicando as notações concretas destinadas a carregar a ficção de um peso de realidade e a produzir uma ilusão referencial. Para contrastar esse efeito literário – necessário a toda forma de estética realista – com a história, Barthes diz que, para esta, "o ter-estado-aí das coisas é um princípio suficiente da palavra". Contudo, esse "ter-estado-aí", esse "real concreto", que é o fiador da verdade da história, deve ser introduzido no próprio discurso para certificá-lo como conhecimento autêntico. Esse é o papel, como observava de Certeau, das citações, das referências, dos documentos que convocam o passado na escritura do historiador, demonstrando também sua autoridade.

Daí a apropriação, por algumas ficções, das técnicas da prova próprias da história, a fim de produzir não "efeitos de realidade", mas sim, preferencialmente, a ilusão de um discurso histórico. Junto com as biografias imaginárias de Marcel Schwob ou os textos apócrifos de Borges, como aparecem no apêndice "Etcétera" da

História universal da infâmia ou na seção "Museu" de *O Fazedor*, pode-se situar o *Jusep Torres Campalans*, publicado por Max Aub ([1958] 1999), na cidade do México, em 1958. O livro põe ao serviço da biografia de um pintor imaginário todas as técnicas da certificação moderna do discurso histórico: as fotografias que mostram os pais do artista e este em companhia de seu amigo Picasso, as reproduções de suas obras (expostas, certamente, em Nova York, em 1962, por ocasião da apresentação da tradução inglesa do livro), os recortes da imprensa em que ele é mencionado, as entrevistas que Aub teve com ele e alguns de seus contemporâneos, o *Cuaderno verde* redigido por Campalans entre 1906 e 1914, etc.

A obra aponta para os gêneros e as categorias que a crítica de arte privilegia: a explicação da obra pela biografia, as noções contraditórias e todavia relacionadas de influência e de precursor, as técnicas da atribuição, a decifração de intenções secretas, etc. Hoje em dia, essa obra talvez seja lida de outra maneira. Ao mobilizar os "efeitos de realidade" que partilham o saber histórico e a invenção literária, mostra os parentescos que os vinculam. Porém, ao multiplicar as advertências irônicas (em particular, as numerosas referências a *Dom Quixote* ou a epígrafe "Como pode haver verdade sem mentira?"), lembra aos seus leitores a distância que separa a fábula do discurso do conhecimento, a realidade que foi e os referentes imaginários. Por esse caminho acompanha, de modo paródico, a

A instituição histórica

história das falsificações históricas, sempre possíveis, sempre mais sutis, mas também desmascaradas pelo trabalho crítico.

Há uma última razão da proximidade, sedutora porém perigosa, entre a história como exercício de conhecimento e a ficção, seja ela literatura ou mito. No mundo contemporâneo, a necessidade de afirmação ou de justificação de identidades construídas ou reconstruídas, e que não são todas nacionais, costuma inspirar uma reescrita do passado que deforma, esquece ou oculta as contribuições do saber histórico controlado (HOBSBAWN, 1994). Esse desvio, impulsionado por reivindicações frequentemente muito legítimas, justifica totalmente a reflexão epistemológica em torno de critérios de validação aplicáveis à "operação historiográfica" em seus diferentes momentos. A capacidade crítica da história não se limita, efetivamente, à negação das falsificações ou das imposturas; ela pode e deve submeter as construções interpretativas a critérios objetivos de validação ou de negação.

Se se atribui essa função à história, necessariamente se propõe a pergunta sobre os critérios desse juízo: devem-se vinculá-los à coerência interna da demonstração? À sua compatibilidade com os resultados obtidos? E, por outro lado, é legítimo postular uma pluralidade de regimes de prova da história que seria exigida pelos diversos objetos e métodos históricos? Ou devemos nos esforçar para elaborar uma teoria da objetividade que estabeleça critérios gerais que permitam distinguir entre interpretações aceitáveis e inaceitáveis? Essas questões, que alguns historiadores consideram inúteis, acarretam um desafio essencial. Numa época em que nossa relação com o passado está ameaçada pela forte tentação de criar histórias imaginadas ou imaginárias, é fundamental e urgente a reflexão sobre as condições que permitem sustentar um discurso histórico como representação e explicação adequadas da realidade que foi. Supondo em seu princípio a distância entre saber crítico e reconhecimento imediato, essa reflexão participa do longo processo de emancipação da história com respeito à memória e com respeito à fábula, também verossímil.

Do social ao cultural

Nestes últimos anos, tal como demonstram as numerosas obras que se esforçam por delimitar os objetivos e os métodos,[1] a história cultural se tornou um dos campos mais vigorosos e debatidos do âmbito histórico. Traçar seus limites não é tarefa fácil para nós. Isto deve ser feito a partir dos objetos e das práticas cujo estudo seria o próprio dessa história? Existe um grande risco de não poder traçar uma fronteira segura e clara entre a história cultural e outras histórias: a história das ideias, a história da literatura, a história da arte, a história da educação, a história dos meios de comunicação, a história das ciências, etc. Devemos, por isso, mudar de perspectiva e considerar que toda história, qualquer que seja, econômica ou social, demográfica ou política, é cultural, na medida em que todos os gestos, todas as condutas, todos os fenômenos objetivamente mensuráveis sempre são o resultado das significações que os indivíduos atribuem às coisas, às palavras e às ações? A partir dessa perspectiva, fundamentalmente antropológica, o

---

[1] *The new cultural history* (HUNT, 1989); *Varieties of cultural history* (BURKE, 1997); *Les enjeux de l'histoire culturelle* (POIRRIER, 2004); *L'histoire culturelle* (ORY, 2004); *La historia cultural. Autores, obras, lugares* (SERNA; PONS, 2005).

risco é o de uma definição imperialista da categoria que, ao identificá-la com a própria história, conduz à sua dissolução.

Essa dificuldade encontra sua causa fundamental nas múltiplas acepções do termo "cultura", que podem se distribuir esquematicamente entre duas famílias de significados: a que designa as obras e os gestos que, em uma sociedade dada, se subtraem às urgências do cotidiano e se submetem a um juízo estético ou intelectual e a que aponta as práticas comuns através das quais uma sociedade ou um indivíduo vivem e refletem sobre sua relação com o mundo, com os outros ou com eles mesmos.

A primeira classe de significados leva a construir a história dos textos, das obras e das práticas culturais como uma história de dimensão dupla. É o que propõe Carl Schorske (1979, p. XXI-XXII): "Já o historiador procura situar e interpretar o artefato temporalmente, num campo no qual se cruzam duas linhas. Uma linha é vertical, ou diacrônica, com a qual ele estabelece a relação de um texto ou um sistema de pensamento com expressões anteriores no mesmo ramo de atividade cultural (pintura, política, etc.). A outra é horizontal, ou sincrônica; com ela o historiador avalia a relação do conteúdo do objeto intelectual com as outras coisas que vêm surgindo, simultaneamente, em outros ramos ou aspectos de uma cultura". De modo que se trata de pensar cada produção cultural simultaneamente na história do gênero, da disciplina ou do campo em que se inscreve e em suas relações com as outras criações estéticas ou intelectuais e as outras práticas que lhe são contemporâneas.

A segunda família de definições da cultura se apoia na acepção que a antropologia simbólica oferece da noção – e em particular Clifford Geertz (1973, p. 89): "O conceito de cultura que eu defendo [...] denota um padrão de significados transmitido historicamente, incorporado em símbolos, um sistema de concepções herdadas expressas em formas simbólicas, por meio das quais os homens comunicam, perpetuam e desenvolvem seu conhecimento e suas atividades em relação à vida". Portanto, a totalidade das linguagens e das ações simbólicas próprias de uma comunidade constitui sua cultura. Daí a atenção que os historiadores mais inspirados pela antropologia dedicam às manifestações coletivas nas quais se enuncia, de maneira paroxística, um sistema cultural: rituais de violência, ritos de passagem ou festas carnavalescas.

Conforme suas diferentes heranças e tradições, a história cultural privilegiou objetos, âmbitos e métodos diversos. Enumerá-los é uma tarefa impossível. Mais pertinente é, sem dúvida, a identificação de algumas questões comuns a esses enfoques tão distintos. A primeira se relaciona com a necessária articulação entre as obras singulares e as representações comuns ou, dito de outra forma, o processo pelo qual os leitores, os espectadores ou os ouvintes dão sentido aos textos (ou às imagens) dos quais se apropriam. A pergunta se tornou eco – em reação contra o estrito formalismo da *Nova Crítica* ou *New Criticism* – de todos os enfoques que se propuseram a pensar a produção do significado como construída na relação entre os leitores e os textos. O projeto adotou diversas formas dentro da crítica literária, centrando a atenção na relação dialógica entre as propostas das obras e as expectativas estéticas ou as categorias interpretativas de seus públicos (Jauss, 1974), ou na interação dinâmica do texto com seu leitor, compreendida em uma perspectiva fenomenológica (Iser, 1976), ou nas transações entre as próprias obras e os discursos ou as práticas correntes que são, ao mesmo tempo, as matrizes da criação estética e as condições de sua inteligibilidade (Greenblatt, 1988).

Enfoques similares fizeram com que se evitassem as leituras estruturalistas ou semióticas que relacionavam o sentido das obras com o mero funcionamento automático e impessoal da linguagem, mas, por sua vez, tornaram-se alvo das críticas da história cultural. Por outro lado, na maioria das vezes, consideram os textos como se existissem em si mesmos, fora dos objetos ou das vozes que os transmitem, enquanto que uma leitura cultural das obras lembra que as formas como são lidas, ouvidas ou vistas também participam da construção de seu significado. Daí a importância que recuperaram as disciplinas dedicadas à descrição rigorosa dos objetos escritos que trazem os textos: paleografia, codicologia ou bibliografia (McKenzie, 1985; 1986; Petrucci, 1995; Bouza, 1999). Daí também a atenção prestada à historicidade primordial dos textos, a que decorre do cruzamento entre as categorias de atribuição, designação e classificação dos discursos próprios de um tempo e de um lugar, e a sua materialidade, compreendida como a modalidade de sua inscrição na página ou de sua distribuição no objeto escrito.

Por outro lado, os enfoques que interpretaram a leitura como uma "recepção" ou uma "resposta" universalizaram implicitamente o processo da leitura, considerando-o como um ato sempre similar cujas circunstâncias e modalidades concretas não importam. Contra esse "desbotamento" da historicidade do leitor, convém recordar que a leitura também tem uma história (e uma sociologia) e que o significado dos textos depende das capacidades, das convenções e das práticas de leitura próprias das comunidades que constituem, na sincronia ou na diacronia, seus diferentes públicos (Cavallo; Chartier, 1995; Bouza, 1999). De modo que a "sociologia dos textos", entendida à maneira de D. F. McKenzie, tem como ponto de partida o estudo das modalidades de publicação, disseminação e apropriação dos textos, já que considera o "mundo do texto" como um mundo de objetos e de *performances* e o "mundo do leitor" como o da "comunidade de interpretação" (Fish, 1980) à qual pertence e que é definida por um mesmo conjunto de concorrências, normas e usos.

Apoiada na tradição bibliográfica, a "sociologia dos textos" insiste na materialidade do texto e na historicidade do leitor com uma dupla intenção: identificar os efeitos produzidos na condição, na classificação e na percepção das obras pelas transformações de sua forma manuscrita ou impressa e mostrar que as modalidades próprias da publicação dos textos antes do século XVIII questionam a estabilidade e a pertinência das categorias que a crítica associa à literatura – as de "obra", "autor", "direitos de autor", "originalidade", etc.

Essa dupla atenção fundou a definição de âmbitos de pesquisa próprios de um enfoque cultural das obras (o que não quer dizer que são específicos ou tal e qual disciplina constituída): as variações históricas dos critérios que definem a "literatura"; as modalidades e os instrumentos de constituição dos repertórios canônicos; os efeitos das restrições exercidas na criação pelo mecenato, pelo patrocínio, pela academia ou pelo mercado; e até mesmo a análise dos diversos autores (copistas, editores, livreiros, impressores, revisores, tipógrafos) e as diferentes operações que participam do processo de publicação dos textos.

Para mudar a fronteira traçada entre as produções e as práticas mais comuns da cultura escrita e da literatura, considerada como um âmbito particular de criações e de experiências, é necessário aproximar o que a tradição ocidental distanciou perpetuamente: de um lado, a compreensão e o comentário das obras; e, de outro, a análise das condições técnicas ou sociais de sua publicação, circulação e apropriação. Essa dissociação tem várias razões: a permanência da oposição entre a pureza da ideia e sua inevitável corrupção pela matéria; a definição dos direitos de autor, que estabelece a propriedade do autor sobre um texto considerado sempre idêntico a si mesmo, acima de sua forma de publicação; e até o triunfo de uma estética que julga as obras à margem da materialidade de seu suporte.

Paradoxalmente, os dois enfoques críticos que dedicaram atenção com maior continuidade às modalidades materiais de inscrição dos discursos fortaleceram – e não diminuíram – esse processo de abstração textual. A bibliografia analítica mobilizou o estudo rigoroso dos diferentes estados de uma mesma obra (edições e exemplares) com o objetivo de encontrar um texto ideal, purificado das alterações infligidas pelo processo de publicação e conforme ao texto tal como foi escrito, ditado ou sonhado por seu autor (GREG, 1966; MCKENROW, 1927; BOWERS, 1949; 1964; 1975). Daí que, em uma disciplina dedicada quase exclusivamente à comparação dos objetos impressos, prevaleça a obsessão pelos manuscritos perdidos e a radical distinção entre a obra em sua essência e os acidentes que a deformaram ou corromperam.

O enfoque desconstrutivista proposto por Jacques Derrida,[2] nesses termos ou não, insistiu

---

[2] *De la grammatologie* (1867), em particular as páginas 75 a 95 para o conceito de "arquiescritura"; e *Limited Inc* (1990), em particular as páginas 17 a 51 para a noção de "iterabilidade".

veementemente na materialidade da escritura e nas diferentes formas de inscrição da linguagem. Porém, em seu esforço por abolir ou deslocar as oposições mais imediatamente evidentes (entre oralidade e escritura, entre a singularidade dos atos de fala e a reprodutibilidade do escrito), construiu categorias conceituais ("arquiescritura", "iterabilidade") que podem nos afastar da percepção dos efeitos que produzem as diferenças empíricas que corrigem subsumindo-as.

Contra essa abstração dos discursos, convém recordar que a produção não só dos livros, mas também dos próprios textos, é um processo que implica, além do gesto da escritura, diferentes momentos, diferentes técnicas e diferentes intervenções. As transações entre as obras e o mundo social não consistem unicamente na apropriação estética e simbólica de objetos ordinários, de linguagens, de práticas rituais ou cotidianas, como quer o *New Historicism*. Referem-se, mais fundamentalmente, às relações múltiplas, móveis, instáveis, amarradas entre o texto e suas materialidades, entre a obra e suas inscrições. O processo de publicação, seja qual for sua modalidade, sempre é coletivo, já que não separa a materialidade do texto da textualidade do livro. Portanto, é inútil pretender distinguir a substância essencial da obra, considerada sempre similar a si própria, das variações acidentais do texto, que se julgam sem importância por seu significado. Contudo, as múltiplas variações impostas aos textos pelas preferências e pelos hábitos ou os erros dos que o copiaram, modificaram ou corrigiram, não destroem a ideia de que as obras conservam uma identidade perpetuada, imediatamente reconhecível por seus leitores ou ouvintes.

Recentemente, David Kastan (2001, p. 117-118) qualificou de "platônica" a perspectiva segundo a qual uma obra transcende todas as suas possíveis encarnações materiais e de "pragmática" a que afirma que nenhum texto existe fora das materialidades que lhe dão para ler e escutar. Essa percepção contraditória dos textos divide tanto a crítica literária quanto a prática editorial, opondo aqueles que têm necessidade de encontrar o texto tal como seu autor o redigiu, imaginou, desejou, sanando as feridas que lhe infligiram a transmissão manuscrita ou a composição tipográfica,[3] àqueles para quem as múltiplas formas textuais em que uma obra foi publicada constituem seus diferentes estados históricos, que devem ser respeitados, editados e compreendidos em sua diversidade irredutível.

Contudo, a contradição entre platonismo e pragmatismo não deve ocultar a ambivalência da relação com as obras. Com efeito, um texto sempre se dá a ler ou escutar em um de seus estados concretos. Conforme as épocas e os gêneros, suas variações são mais ou menos importantes e podem

---

[3] Veja-se, por exemplo, a edição de *Dom Quixote* de Francisco Rico (CERVANTES, 1998) e sua obra *El texto del Quijote. Preliminares a una ecdótica del Siglo de Oro* (2006).

se referir, de forma separada ou simultânea, à materialidade do objeto, à grafia das palavras, às regras de pontuação ou aos próprios enunciados (GRAZIA; STALLYBRASS, 1993). Porém, sempre existem também múltiplos dispositivos (filosóficos, estéticos, jurídicos) que se esforçam para reduzir essa diversidade, pressupondo a existência de uma obra idêntica a si mesma, à margem de sua forma. Em vez de tratar de se apartar dessa irredutível tensão ou de resolvê-la, o que importa é identificar a maneira como ela se constrói em cada momento histórico. E, em primeiro lugar, nas e pelas próprias obras, ou ao menos algumas delas que se apoderam dos objetos e das práticas da cultura escrita de seu tempo para transformá-los em recursos estéticos movidos por fins poéticos, dramáticos ou narrativos. Os processos que conferem existência ao escrito em suas diversas formas, públicas ou privadas, efêmeras ou duradouras, também se convertem no próprio material da invenção literária (CHARTIER, 2005).

Produzidas em uma ordem específica, as obras fogem delas e adquirem existência ao receber as significações que seus diferentes públicos lhes atribuem, às vezes em muito longa duração. Portanto, o que se tem de pensar é a articulação paradoxal entre uma *diferença* – aquela pela qual todas as sociedades, com modalidades variáveis, separaram um âmbito concreto de produções textuais de experiências coletivas ou de prazeres estéticos – e *dependências* – as que inscrevem a invenção literária ou intelectual nos discursos e nas práticas do mundo social, tornando-a possível e inteligível. O cruzamento inédito de enfoques temporalmente distantes uns dos outros (a crítica textual, a história do livro, a sociologia cultural), porém unidos pelo projeto de uma nova história cultural, acarreta um desafio fundamental: compreender como as apropriações concretas e as invenções dos leitores (ou dos espectadores) dependem, em seu conjunto, dos efeitos de sentido para os quais apontam as próprias obras, dos usos e significados impostos pelas formas de sua publicação e circulação e das concorrências e expectativas que regem a relação que cada comunidade mantém com a cultura escrita.

Discursos eruditos
e práticas populares

As relações entre a cultura popular e a cultura letrada mobilizaram apaixonadamente a história cultural. As maneiras de concebê-las podem ser agrupadas em dois grandes modelos de descrição e de interpretação. O primeiro, desejoso de abolir toda forma de etnocentrismo cultural, trata da cultura popular como um sistema simbólico coerente, que se ordena segundo uma lógica estrangeira e irredutível em relação à da cultura letrada. O segundo, preocupado em recordar a força das relações de dominação e das desigualdades do mundo social, aborda a cultura popular a partir de suas dependências e de suas faltas no que diz respeito à cultura dos dominantes. De modo que, por um lado, a cultura popular é pensada como autônoma, independente, fechada sobre si mesma, e, por outro lado, é definida por sua distância no que diz respeito à legitimidade cultural. Os historiadores oscilaram durante longo tempo entre essas duas perspectivas que mostram, simultaneamente, todos os trabalhos realizados sobre a religião ou a literatura, consideradas como especificamente "populares", e a construção de uma oposição, reiterada com o decorrer do tempo, entre a idade de ouro de uma cultura popular livre e vigorosa e os tempos das censuras e das pressões que a condenam e a desmantelam (Burke, 1978).

Sem dúvida, devem-se suavizar ou rechaçar distinções tão categóricas. Em primeiro lugar, está claro que o esquema que opõe o esplendor e a miséria da cultura popular não é próprio da idade moderna. Acha-se nos historiadores medievalistas, que designam o século XIII como o tempo de uma aculturação cristã destruidora das tradições da cultura popular laica dos séculos XI e XII. Caracteriza, desse modo, o movimento que, entre 1870 e 1914, fez passar as sociedades ocidentais de uma cultura tradicional, campesina e popular para uma cultura nacional, homogênea, unificada e solta. E supõe-se que um contraste similar distingue, no século XX, a cultura das massas imposta pelos novos meios de comunicação de uma antiga cultura comunitária e criadora. Como a fênix, a cultura parece renascer de suas cinzas depois de cada um de seus desaparecimentos. O verdadeiro problema não é, pois, datar o desaparecimento irremediável de uma cultura dominada, por exemplo, em 1600 ou 1650, mas sim compreender como, em cada época, tecem-se relações complexas entre formas impostas, mais ou menos restritivas, e identidades salvaguardadas, mais ou menos alteradas (Davis, 1975).

A força dos modelos culturais dominantes não anula o espaço próprio de sua recepção. Sempre existe uma brecha entre a norma e o vivido, o dogma e a crença, as normas e as condutas.

Nessa brecha se insinuam as reformulações, os desvios, as apropriações e as resistências (de CERTEAU, [1980] 1990). E, pelo contrário, a imposição de disciplinas inéditas, a insinuação de novas submissões, a definição de novas regras de conduta sempre devem ceder ou negociar com as representações arraigadas e as tradições partilhadas. Portanto, é inútil pretender identificar a cultura, a religião ou a literatura "popular" a partir de práticas, crenças ou textos que seriam específicos delas. O essencial está em outro lugar, na atenção sobre os mecanismos que fazem os dominados interiorizarem sua própria inferioridade ou ilegitimidade e, contraditoriamente, sobre as lógicas graças às quais uma cultura dominada consegue preservar algo de sua coerência simbólica. A lição vale tanto para o confronto entre os clérigos e as populações rurais na velha Europa (GINZBURG, 1976) como para as relações entre vencedores e vencidos no mundo (GRUZINSKI, 1988).

Daí se depreende o principal desafio que se apresenta à história cultural: como pensar a articulação entre os discursos e as práticas. O questionamento das velhas certezas adotou a forma do "giro linguístico", que se baseia em duas ideias fundamentais: a de que a língua é um sistema de signos cujas relações produzem, por si mesmas, significados múltiplos e instáveis, fora de toda intenção ou de qualquer controle subjetivo; e a de que a "realidade" não é uma referência objetiva externa ao discurso, mas é sempre construída na e pela linguagem. Essa perspectiva afirma que os interesses sociais nunca são uma realidade "pré-existente", mas sim sempre o resultado de uma construção simbólica e linguística, e considera que toda prática, seja qual for, se situa necessariamente na ordem do discurso (BAKER, 1990).

Contra esses postulados, é necessário recordar que, se as práticas antigas não são acessíveis senão, na maioria das vezes, através dos textos que se propunham a representá-las ou organizá-las, prescrevê-las ou proscrevê-las, isso não implica afirmar a identidade de duas lógicas: a que governa a produção e a recepção dos discursos e a que rege as condutas e as ações. Para pensar essa irredutibilidade da experiência ao discurso, das lógicas da prática à lógica logocêntrica, os historiadores puderam se apoiar na distinção proposta por Foucault (1969) entre "formações discursivas" e "sistemas não discursivos", ou na estabelecida por Bourdieu (1997) entre "sentido prático" e "razão escolástica".

Essas distinções previnem contra o uso descontrolado da noção de "texto", com frequência aplicada indevidamente a práticas cujos procedimentos não são, em absoluto, similares às estratégias que governam o enunciado dos discursos. A construção dos interesses pelas linguagens disponíveis em um determinado tempo sempre está limitada pelos recursos desiguais (materiais, linguísticos ou conceituais) de que dispõem os indivíduos. De modo que as propriedades e as posições sociais que caracterizam, em suas discrepâncias, os diferentes grupos sociais não são apenas um efeito do discurso, mas, antes, também designam as condições de possibilidade.

O objeto fundamental de uma história que se propõe reconhecer a maneira como os atores sociais dão sentido a suas práticas e a seus enunciados se situa, portanto, na tensão entre, por um lado, as capacidades inventivas dos indivíduos ou das comunidades e, por outro, as restrições e as convenções que limitam – de maneira mais ou menos clara conforme a posição que ocupam nas relações de dominação – o que lhes é possível pensar, dizer e fazer. Essa observação é válida também para as obras letradas e as criações estéticas, sempre inscritas nas heranças e nas referências que as fazem concebíveis, comunicáveis e compreensíveis. É válida, desse modo, para as práticas ordinárias, disseminadas e silenciosas, que inventam o cotidiano.

A partir dessa observação, deve-se compreender a releitura, pelos historiadores, dos clássicos das ciências sociais (Elias, Weber, Durkheim, Mauss, Halbwachs) e a importância de um conceito como o de "representação", que veio designar, praticamente por si mesmo, a nova história cultural. De fato, essa noção permite vincular estreitamente as posições e as relações sociais com a maneira como os indivíduos e os grupos se percebem e percebem os demais. As representações coletivas, na maneira como são definidas pela sociologia de Durkheim e Mauss, incorporam nos indivíduos, sob a forma de esquemas de classificação e juízo, as próprias divisões do mundo social. São elas que transmitem as diferentes modalidades de exibição da identidade social ou da potência política tal como as fazem ver e crer os signos, as condutas e os ritos. Por último, essas representações coletivas e simbólicas encontram, na existência de representantes individuais ou coletivos, concretos ou abstratos, as garantias de sua estabilidade e de sua continuidade.

Nestes últimos anos, os trabalhos de história cultural fizeram grande uso desse tríplice sentido da representação, nesses termos ou em outros, por duas razões fundamentais. Em primeiro lugar, o retrocesso da violência entre os indivíduos, que caracteriza as sociedades ocidentais entre a Idade Média e o século XVIII e que deriva do confisco (no mínimo tendencial) do Estado sobre o uso legítimo da força, substituiu (ao menos parcialmente) os enfrentamentos diretos, brutais e sangrentos por lutas cujos instrumento e desafio são as representações (ELIAS, 1939). Por outro lado, a autoridade de um poder ou a dominação de um grupo dependem do crédito outorgado ou recusado às representações que proponham de si mesmos.

A atenção dispensada à violência simbólica, que supõe que quem a sofre contribui para sua eficácia, ao interiorizar sua legitimidade, transformou profundamente a compreensão de várias realidades essenciais: precisamente, o exercício da autoridade, fundada na adesão aos signos, aos ritos e às imagens que a fazem ver e obedecer (MARIN, 1981); a construção das identidades sociais ou religiosas, situada na tensão entre as representações impostas pelos poderes ou pelas ortodoxias e a consciência de pertinência de cada comunidade (GINZBURG, 1966; GEREMEK, 1980); ou até as relações entre os sexos, pensadas pelas representações e práticas como insinuações da dominação masculina e como a afirmação de uma identidade feminina própria, enunciada exteriormente ou com consentimento, pela rejeição ou pela apropriação dos modelos impostos (SCOTT, 1996). A reflexão sobre a definição das identidades sexuais constitui uma ilustração exemplar da exigência que hoje habita em toda prática histórica: compreender, ao mesmo tempo, como as representações e os discursos constroem as relações de dominação e como eles próprios dependem dos recursos desiguais e dos interesses contrários que separam aqueles cuja potência legitimam daqueles ou daquelas cuja submissão asseguram (ou devem assegurar).

Entendida dessa maneira, a noção de representação não nos afasta nem do real nem do social. Ajuda os historiadores a se desfazerem da "ideia muito magra do real", como escrevia Foucault, que durante longo tempo foi a sua, insistindo na força das representações, sejam elas interiorizadas ou objetivadas. As representações não são simples imagens, verdadeiras ou falsas, de uma realidade que lhes seria externa; elas possuem uma energia própria que leva a crer que o mundo ou o passado é, efetivamente, o que dizem que é. Nesse sentido, *produzem* as brechas que rompem às sociedades e as incorporam nos indivíduos. Conduzir a história da cultura escrita dando-lhe como pedra fundamental a história das representações é, pois, vincular o poder dos escritos ao das imagens que permitem lê-los, escutá-los ou vê-los, com as categorias mentais, socialmente diferenciadas, que são as matrizes das classificações e dos julgamentos.

Micro-história e globalidade

 ∿

Em 2000, um dos principais temas do XIX Congresso Internacional de Ciências Históricas realizado em Oslo foi a *global history* (RÜSEN, 2000). Essa proposta se baseava em uma série de rejeições: rejeição do marco do Estado-Nação que delimita, retrospectivamente, uma entidade social e cultural já presente até mesmo antes de seu advento político; rejeição dos recortes tradicionais da monografia histórica que explora as especificidades de uma província, uma região ou uma cidade; e, por último, rejeição do enfoque micro-histórico, suspeito por haver descuidado dos horizontes distantes.

Diante dessas maneiras de escrever a história, como construir uma história pensada em escala mundial? Deve ser uma forma nova de comparativismo, tal como havia proposto Marc Bloch em 1928, em uma apresentação que se tornou clássica e que foi pronunciada no VI Congresso Internacional de Ciências Históricas, também realizado em Oslo? Deve ser compreendida como a identificação de diferentes espaços no sentido braudeliano, que encontram sua unidade histórica nas redes de relações e de intercâmbios que os constituem, à margem das soberanias estatais? Ou se deve considerar que essa história há de ser, antes de tudo, uma história dos contatos, dos encontros, das aculturações e das mestiçagens?

Essa história em escala muito grande, seja qual for sua definição, propõe uma questão difícil para as práticas historiadoras: como conciliar o percurso dos espaços e das culturas com as exigências que regem o conhecimento histórico desde o século XIX, no mínimo, e que supõem a análise das fontes primárias, o domínio das línguas em que estão escritas e o conhecimento profundo do contexto no qual se situa todo fenômeno histórico em particular? Grandes exemplos mostram que é possível encarar esse desafio; porém, o fato de que os defensores mais fervorosos de uma história global geralmente não façam mais que referências a obras publicadas em um só idioma – o inglês – não deixa de ser preocupante...

A volta a uma história global não pode ser separada da reflexão sobre as variações de escalas em história, como a que Ricœur (2000, p. 267-292) realizou recentemente. Este observa: "Em cada escala vemos coisas que não se veem em outra escala, e cada escala tem sua própria regra". Portanto, é impossível totalizar essas diferentes maneiras de ver o mundo, e é inútil buscar a "saliência" de onde poderiam ser vistas como comensuráveis. A advertência é útil para evitar falsos debates sobre a suposta superioridade epistemológica de tal ou qual observação: a referência atribuída a uma ou a outra depende do que o historiador deseja ver. Quanto ao mais, a observação pode se referir a uma mesma escala de análise e evitar uma definição unívoca do enfoque micro-histórico. Com efeito, há uma grande distância entre a perspectiva que considera os recortes micro-históricos como laboratórios que permitem analisar intensamente os mecanismos de poder que caracterizam uma estrutura sociopolítica própria de um tempo e um lugar determinados (LEVI, 1985; CONTRERAS, 1992) e a que considera esses mesmos recortes como uma condição de acesso a crenças e a ritos que normalmente as fontes omitem ou evitam e que remetem, até mesmo em sua "anomalia" (o termo é de Ginzburg), a uma base cultural partilhada por toda a humanidade. Nesse último sentido, não há nenhuma contradição entre uma técnica de observação micro-histórica e uma descrição macroantropológica (GINZBURG, 1989).

O caminho é estreito entre a recusa, simultaneamente, de uma história global, compreendida como uma figura moderna da velha história universal (KOSELLECK, 1975), e a de uma história comparada, compreendida como puramente morfológica (DÉTIENNE, 2000). O que importa é a eleição de um marco de estudo capaz de tornar visíveis as *connected histories* (SUBRAHMANYAM, 1977) que relacionaram populações, culturas, economias e poderes. A escolha pode privilegiar uma soberania exercida em territórios disseminados em vários continentes e dentro da qual se produzem a circulação dos homens e dos produtos, a transmissão das informações, o intercâmbio de conhecimentos e a mestiçagem dos imaginários. Nesse caso, as cadeias de interdependência que vinculam, a uma distância muito grande, os indivíduos e as comunidades estão situadas em um espaço fragmentado e descontínuo, porém governado por uma mesma autoridade política (Gruzinski, 2001). Outra opção possível consiste em identificar a transmissão e o reemprego das mesmas referências, dos mesmos mitos, das mesmas profecias em contextos muito diferentes e distantes (Subrahmanyam, 2001).

A alternativa remete à tensão entre o enfoque morfológico, que faz o inventário dos parentescos que existem entre diferentes formas (estéticas, rituais, ideológicas, etc.) à margem de toda certificação de contatos culturais, e o enfoque histórico, que identifica as circulações, os empréstimos e as hibridações. Carlo Ginzburg (1991) demonstrou com perspicácia, a propósito da utilização do mortuório duplo (o morto e uma imagem do morto) em numerosos ritos funerários, a difícil, e até mesmo impossível, conciliação entre esses dois modos de compreensão. O primeiro conduz ao reconhecimento de constantes, necessariamente relacionadas com sua universalidade, mas também com o risco da descontextualização de um elemento concreto no que diz respeito ao sistema simbólico que lhe dá sentido e aos usos localizados e específicos que constituem suas significações próprias. O segundo dá conta com rigor das transmissões e apropriações, sempre contextualizadas com precisão, mas com o risco da "eliminação" da identificação do fundamento antropológico universal que faz o "ser-homem", como diria Ricœur, e que torna possíveis os reconhecimentos além das diferenças e das descontinuidades.

A abertura dos espaços, possibilitada nos séculos XV e XVI pelos descobrimentos, intercâmbios e conquistas, permitiu, pela primeira vez, a confrontação dos conhecimentos próprios de diferentes culturas e a possibilidade de comparações aplicadas mundialmente, e não apenas pelos europeus (Subrahmanyam, 2005; Gruzinski, 2004). Portanto, a consciência de globalidade dos contemporâneos leva, a seu modo, à dos historiadores. Por isso, uma das práticas possíveis da história global se apega às passagens entre mundos muito distantes uns dos outros (Davis, 1995; 2006) ou mesmo reconhece nas situações mais locais as interdependências que as ligam ao longe, sem que necessariamente os atores tenham clara percepção disso. A união indissociável do global e do local levou alguns a propor a noção de "glocal", que designa com correção, se não com elegância, os processos pelos quais são apropriadas as referências partilhadas, os modelos impostos, os textos e os bens que circulam mundialmente, para fazer sentido em um tempo e em um lugar concretos.

A história na era digital

∾

Outra questão de nosso presente, menos aguda há dez anos, é a das mutações que impõem à história o ingresso na era da textualidade eletrônica. O problema já não é o que, classicamente, vinculava os desenvolvimentos da história séria e quantitativa com o recurso ao computador para o processamento de grandes quantidades de dados, homogêneos, repetidos e informatizados. Agora se trata de novas modalidades de construção, publicação e recepção dos discursos históricos (CHARTIER, 2004). A textualidade eletrônica de fato transforma a maneira de organizar as argumentações, históricas ou não, e os critérios que podem mobilizar um leitor para aceitá-las ou rejeitá-las. Quanto ao historiador, permite desenvolver demonstrações segundo uma lógica que já não é necessariamente linear ou dedutiva, como é a que impõe a inscrição, seja qual for a técnica, de um texto em uma página. Permite uma articulação aberta, fragmentada, relacional do raciocínio, tornada possível pela multiplicação das ligações hipertextuais. Quanto ao leitor, agora a validação ou a rejeição de um argumento pode se apoiar na consulta de textos (mas também de imagens fixas ou móveis, palavras gravadas ou composições musicais) que são o próprio objeto de estudo, com a condição de que, obviamente, sejam acessíveis em forma digital. Se isso é assim, o leitor já não é mais obrigado a acreditar no autor; pode, por sua vez, se tiver vontade e tempo, refazer total ou parcialmente o percurso da pesquisa.

No mundo dos impressos, um livro de história supõe um pacto de confiança entre o historiador e seu leitor. As notas remetem a documentos que o leitor, no geral, não poderá ler. As referências bibliográficas mencionam livros que o leitor, na maioria das vezes, não poderia encontrar senão em bibliotecas especializadas. As citações são fragmentos recortados por mera vontade do historiador, sem possibilidade, para o leitor, de conhecer a totalidade dos textos de onde foram extraídos os fragmentos. Esses três dispositivos clássicos da prova da história (a nota, a referência, a citação) estão muito modificados no mundo da textualidade digital a partir do momento em que o leitor é colocado em posição de poder ler, por sua vez, os livros que o historiador leu e consultar por si mesmo, diretamente, os documentos analisados. Os primeiros usos dessas novas modalidades de produção, organização e certificação dos discursos de saber mostram a importância da transformação das operações cognitivas que implica o recurso ao texto eletrônico. Aqui há uma mutação epistemológica fundamental que transforma profundamente as técnicas da prova e as modalidades de construção e validação dos discursos de saber.

Um exemplo das novas possibilidades abertas tanto para a consulta de *corpus* de documentos como para a própria construção de uma argumentação histórica é a dupla publicação (impressa, nas páginas da *American Historical Review*, e eletrônica, no site da American Historical Association) do artigo que Robert Darnton (2000) dedicou às canções subversivas recolhidas pelos espiões da polícia do rei nos cafés parisienses do século XVIII.[1] A versão eletrônica oferece ao leitor o que o impresso não pode lhe dar: uma cartografia dinâmica dos lugares onde são cantadas as canções, os informes da polícia que recolhem as letras subversivas, o *corpus* de canções e, graças à gravação feita por Hélène Delavault, a escuta dos textos tal como os ouviram os contemporâneos. Assim se estabelece uma relação nova, mais comprometida com os vestígios do passado e, possivelmente, mais crítica com respeito à interpretação do historiador.

Ao permitir uma nova organização dos discursos históricos, baseada na multiplicação das ligações hipertextuais e na distinção entre diferentes níveis de textos (do resumo das conclusões à publicação dos documentos), o livro eletrônico é uma resposta possível, ou ao menos apresentada como tal, à crise da edição nas

---

[4] Ver também a página web da AHR disponível em: www.historycooperative.org/ahr.

ciências humanas.[5] Em ambos os lados do Atlântico os efeitos são comparáveis, embora as causa principais não sejam exatamente as mesmas. Nos Estados Unidos, a questão principal é a redução drástica das aquisições de *monographs* pelas bibliotecas universitárias, cujos recursos são devorados pelas assinaturas de publicações científicas que, em alguns casos, têm preços consideráveis (entre 10.000 e 15.000 dólares por ano). Daí a hesitação das editoras universitárias diante da publicação de obras que são consideradas por demais especializadas: teses de doutorado, estudos monográficos ou livros de erudição (DARNTON, 1999). Na França, e sem dúvida mais amplamente na Europa, uma redução similar da produção, que limita o número de títulos publicados e recusa as obras demasiadamente concretas ou as traduções demasiadamente caras, provém sobretudo da diminuição do público de leitores assíduos – que não era formado apenas por universitários – junto com a queda do volume de suas compras (CHARTIER, 2000).

A edição eletrônica dos livros de história que as editoras não querem ou não podem publicar é a solução para essa dificuldade? As iniciativas tomadas nesse sentido, com a criação de coleções digitais dedicadas a publicar livros novos,

---

[5] Ver, por exemplo, o projeto desenvolvido pela Columbia University Press, em Nova York: Electronic Publishing Initiative @ Columbia e sua série "Gutenberg e-series of monographs in History".

permitiriam pensar que é assim. Porém continua pendente uma questão: a da capacidade desse livro novo de encontrar ou produzir seus leitores. Por um lado, a longa história da leitura mostra fortemente que as mudanças na ordem das práticas costumam ser mais lentas que as revoluções das técnicas e que sempre estão defasadas em relação a estas. A invenção da imprensa não produziu imediatamente novas maneiras de ler. Por sua vez, as categorias intelectuais que associamos com o mundo dos textos subsistem diante das novas formas do escrito, enquanto que a própria noção de "livro" se acha questionada pela dissociação entre a obra, em sua coerência intelectual, e o objeto material que assegurava sua imediata percepção e apreensão. Por outro lado, não se deve esquecer que os leitores (e os autores) potenciais dos livros eletrônicos, quando não se trata de *corpus* de documentos, são ainda minoritários. Continua existindo uma profunda brecha entre a obsessiva presença da revolução eletrônica nos discursos e a realidade das práticas de leitura, que continuam estando, em grande medida, apegadas aos objetos impressos e que não exploram senão parcialmente as possibilidades oferecidas pelo digital. O fracasso e o desaparecimento de numerosos editores que se haviam especializado no mercado dos ensaios e dos romances em formato eletrônico nos lembram que seria um erro considerar que o virtual já é real.

Os tempos da história

O título deste ensaio é *A história ou a leitura do tempo*. Nesta conclusão, desejaria colocá-lo no plural e recordar, sendo fiel à obra de Fernand Braudel, que a especificidade da história, dentro das ciências humanas e sociais, é sua capacidade de distinguir e articular os diferentes tempos que se acham superpostos em cada momento histórico. Aqui se deve voltar à construção temporal que sustentava todo o edifício da história global e, mais além, da ciência do social, tal como as definia Braudel ([1958] 1997, p. 189-190): "A história se situa em patamares diferentes, diria de bom grado, em três patamares, mas essa é uma maneira de falar muito simplista. [...] Na superfície uma história factual se inscreve no tempo curto: é uma micro-história. A meia encosta, uma história conjuntural segue um ritmo mais largo e mais lento. Foi estudada até aqui sobretudo no plano da vida material, dos ciclos ou interciclos econômicos. [...] Para além desse 'recitativo' da conjuntura, a história estrutural, ou de longa duração, coloca em jogo séculos inteiros; está no limite do móvel e do imóvel e, por seus valores fixos há muito tempo, faz figura invariante em face de outras histórias, mais vivas a se escoar e a se consumar, e que, em suma, gravitam em torno dela". Hoje se pode propor três questões a esse modelo das durações superpostas e heterogêneas. Em primeiro lugar, são tão irredutivelmente diferentes umas das outras? Não se há de considerar, como faz Paul Ricœur em *Temps et récit* (1983, p. 189), que "a própria noção de história de longo termo deriva do acontecimento dramático, no sentido que acabamos de dizer, isto é, de acontecimento-armado-na-intriga", e que, por isso, os três tempos braudelianos estão estreitamente vinculados e remetem a uma mesma matriz temporal? O tempo longo do Mediterrâneo deve ser compreendido como uma grande trama, construída segundo as fórmulas narrativas que regem o relato do acontecimento e que articulam as temporalidades construídas do relato com o tempo subjetivo do indivíduo. Na escritura do historiador, o tempo do mar e o tempo do rei se constroem segundo as mesmas figuras.

Portanto, deve-se delimitar o "acontecimento" à sua definição tradicional, a que o vincula ao tempo curto, às decisões conscientes, ao político? Em um ensaio dedicado a Nietzsche, Michel Foucault associa estreitamente uma crítica devastadora da noção de origem a uma reformulação do conceito de acontecimento. Para ele, a brutalidade do acontecimento deve se situar não nos acidentes no decorrer da história ou das escolhas dos indivíduos, mas sim no que aparece aos historiadores como o menos "factual", a saber, as transformações das relações de dominação: "É preciso entender por acontecimento não uma decisão, um tratado, um reino, ou uma batalha, mas uma relação de forças que se inverte, um poder confiscado, um vocabulário retomado e voltado contra seus utilizadores, uma dominação que se enfraquece, se distende, se envenena e uma outra que faz sua entrada, mascarada. As forças que se encontram em jogo na história não obedecem nem a uma destinação, nem a uma mecânica, mas ao acaso das lutas. Elas não se manifestam como formas sucessivas de uma intenção primordial; como também não têm o aspecto de um resultado. Elas aparecem sempre na álea singular do acontecimento" (FOUCAULT, [1971] 1970-1975, p. 148). Se bem que o acontecimento, nessa leitura nietzschiana, seja aleatório, violento e inesperado, não designa a espuma dos fatos, e sim as rupturas e as descontinuidades mais fundamentais.

Por último, pode-se considerar as temporalidades como externas aos indivíduos, como medidas do mundo e dos homens? Pierre Bourdieu, nas *Méditations pascaliennes* (1997, p. 265), frisa com insistência que a relação com o tempo é uma das propriedades sociais mais desigualmente distribuídas: "Seria preciso descrever as diferentes maneiras de se temporalizar, referindo-as às suas condições econômicas e sociais de possibilidade". Ser dono de seu próprio tempo, controlar o tempo dos demais ("o todo-poderoso é aquele que não espera e que, ao contrário, faz esperar" [BOURDIEU, 1997, p. 302]), não ter nenhuma influência sobre o tempo e, de súbito, deixar-se levar pelos jogos do acaso que "permitem afastar-se do tempo inutilizado de uma vida sem justificação e, sobretudo, sem compromisso possível" (BOURDIEU, 1997, p. 295) são algumas das modalidades incorporadas da relação com o tempo que expressam o poder dos dominantes e a impotência dos desfavorecidos. De modo que as diversas temporalidades não devem ser consideradas como envoltórios objetivos dos fatos sociais; são o produto de construções sociais que asseguram o poder de uns (sobre o presente ou o futuro, sobre si próprios ou sobre os demais) e levam os outros à desesperança. Atualmente, a arquitetura braudeliana das durações embutidas (longa duração, conjuntura, acontecimento) sem dúvida merece ser repensada. O fato é que a leitura das diferentes temporalidades que fazem que o presente seja o que é, herança e ruptura, invenção e inércia ao mesmo tempo, continua sendo a tarefa singular dos historiadores e sua responsabilidade principal para com seus contemporâneos.

Referências

~

APPLEBY, Joyce; HUNT, Lynn; JACOB, Margaret. *Telling the truth about history*. Nova York; Londres: W.W. Norton and Company, 1994

AUB, Max. (1958). *Jusep Torres Campalans*. Reedição. Barcelona: Destino, 1999.

BAKER, Keith M. *Inventing the French Revolution: Essays on French political culture in the eighteenth century*. Cambridge: Cambridge University Press, 1990.

BARTHES, Roland. (1968). L'effet de réel. In: BARTHES, Roland. *Le bruissement de la langue. Essais critiques IV*. Paris: Éditions du Seuil, 1984. p. 153-174. (Trad. português: *O rumor da língua*. São Paulo: Martins Fontes, 2004.)

BLOCH, Marc. Pour une histoire comparée des sociétés européennes. *Revue de Synthèse Historique*, n. XLVI, 1928, p. 15-50.

BOURDIEU, Pierre. Le champ littéraire. *Actes de la Recherche en Sciences Sociales*, n. 89, 1991. p. 4-46.

BOURDIEU, Pierre. *Méditations pascaliennes*. Paris: Éditions du Seuil, 1997. (Trad. português: *Meditações Pascalianas*. Rio de Janeiro: Bertrand Brasil, 2001.)

BOUZA, Fernando. *Comunicación, conocimiento y memoria en la España de los siglos XVI y XVII*. Salamanca: Publicaciones del SEMYR, 1999.

BOWERS, Fredson. *Bibliography and textual criticism*. Oxford: Clarendon Press, 1964.

BOWERS, Fredson. *Essays in bibliography, text, and editing*. Charlottesville: University Press of Virginia, 1975.

BOWERS, Fredson. *Principles of bibliographical description*. Princeton: Princenton University Press, 1949.

BRAUDEL, Fernand. Histoire et sociologie. (1958). In: BRAUDEL, Fernand. *Les ambitions de l'histoire*. Paris: Éditions de Fallois, 1997. p. 179-196. (Trad. português: História e sociologia. In: BRAUDEL, Fernand. *Escritos sobre a história*. 2. ed. São Paulo: Perspectiva, 1992.)

BURKE, Peter. *Popular culture in the early modern Europe*. Londres: Maurice Temple Smith, 1978. (Trad. português: *Cultura popular na Idade Moderna: Europa, 1500-1800*. São Paulo: Companhia das Letras, 1999.)

BURKE, Peter. *Varieties of cultural history*. Cambridge: Polity Press, 1997. (Trad. português: *Variedades de história cultural*. Rio de Janeiro: Civilização Brasileira, 2006.)

CAVALLO, Guglielmo; CHARTIER, Roger (Eds.). *Storia della lectura nel mondo occidentale*. Roma-Bari: Editori Laterza, 1995. (Trad. português: *História da leitura no mundo ocidental*. São Paulo: Ática, 1999.)

CERVANTES, Miguel de. *Dom Quixote de la Mancha*. Francisco Rico (Ed.). Barcelona: Instituto Cervantes/Crítica, 1998.

CHARTIER, Roger. *A aventura do livro: do leitor ao navegador. Conversações com Jean Lebrun*. São Paulo: Unesp, 1998a.

CHARTIER, Roger. *A história cultural entre práticas e representações*. Tradução de Maria Manuela Galhardo. Lisboa: Difel, 1988.

CHARTIER, Roger. *A ordem dos livros. Leitores, autores e bibliotecas na Europa entre os séculos XIV e XVIII*. Brasília: Ed. UnB, 1994.

CHARTIER, Roger. *Au bord de la falaise. L'histoire entre certitudes et inquiétude*. Paris: Albin Michel, 1998b. (Trad. português: *À beira da falésia*. Porto Alegre: UFRS, 2002.)

CHARTIER, Roger. *Do palco à página. Publicar teatro e ler romances na época moderna (séculos XVI-XVIII)*. Rio de Janeiro: Casa de Palavra, 2002a.

CHARTIER, Roger. *Formas e sentido. Cultura escrita: entre distinção e apropriação*. Campinas: Associação de Leitura do Brasil/Mercado de Letras, 2003a.

CHARTIER, Roger. *Inscrire et effacer. Culture écrite et littérature (XIe-XVIIIe siècle)*. Paris: Gallimard/Seuil, 2005. (Trad. português: *Inscrever e apagar: Cultura escrita e literatura (Séculos XI a XVIII)*. São Paulo: Unesp, 2007.)

CHARTIER, Roger. Jack Cade, the skin of a dead lamb, and the hatred for writing. *Shakespeare Studies*, v. XXXIV, 2006, p. 77-89.

CHARTIER, Roger. Languages, books, and reading from printed word to digital text. *Critical Inquiry*, CHANDLER, James; DAVIDSON, Arnold I.; JOHNS, Adrian (Eds.). Arts of transmission, v. 31, outono 2004, p. 133-152.

CHARTIER, Roger. *Leituras e leitores na França do Antigo Regime*. São Paulo: Unesp, 2003b.

CHARTIER, Roger. L'écriture de l'histoire à l'âge de l'absolutisme. In: HOLLIER, Denis. *De la littérature française*. Paris: Bordas, 1993. p. 332-337.

CHARTIER, Roger. Mort ou transfiguration du lecteur? In: MOLLIER, Jean-Yves (Dir.). *Où va le livre?* Paris: La Dipute, 2000. p. 295-312.

CHARTIER, Roger. *Os desafios da escrita*. São Paulo: Unesp, 2002b.

CONTRERAS, Jaime. *Sotos contra Riquelmes. Regidores, inquisidores y criptojudios*. Barcelona: Muchnik, 1992.

DARNTON, Robert. An early information society: News and the media in eighteenth-century Paris. *American Historical Review*, n. 105, fev. 2000

DARNTON, Robert. The new age of the book. *The New York Review of Books*, 18 mar. 1999, p. 5-7.

DASTON, Lorraine. Une histoire de l'objectivité scientifique. In: GUESNERIE, Roger; HARTOG, François (Dir.). *Des sciences et des techniques: un débat*. Paris: Éditions de l'École des Hautes Études en Sciences Sociales, Cahier des Annales, 1998. p. 115-126.

DAVIS, Natalie Zemon. *Society and culture in early modern France*. Stanford: Stanford University Press, 1975. (Trad. português: *Culturas do povo: sociedade e cultura no início da França moderna*. São Paulo: Paz e Terra, 1990.)

DAVIS, Natalie Zemon. *Trickster travels: A sixteenth century mulism between worlds*. Nova York: Hill & Wong, 2006.

DAVIS, Natalie Zemon. *Women on the margins. Three seventeenth-century lives*. Cambridge, Mass.; Londres: Harvard University Press, 1995.

DE CERTEAU, Michel. *L'Écriture de l'histoire*. Paris: Gallimard, 1975. (Trad. português: *A escrita da história*. Rio de Janeiro: Forense Universitária, 1982.)

DE CERTEAU, Michel. *L'Iinvention du quotidien, 1, Arts de faire*. Paris: UGE, 1980; reedição, Paris: Gallimard, 1990. (Trad. português: *A invenção do cotidiano: Artes de fazer*. Petrópolis: Vozes, 1994.)

DERRIDA, Jacques. *De la grammatologie*. Paris: Les Éditions de Minuit, 1867. (Trad. português: *Gramatologia*. São Paulo: Perspectiva, 2002.)

DERRIDA, Jacques. *Limited Inc*. Paris: Galilée, 1990.

DETIENNE, Marcel. *Comparer l'incomparable*. Paris: Éditions du Seuil, 2000. (Trad. português: *Comparar o incomparável*. Aparecida: Idéias e Letras, 2004.)

ELIAS, Norbert. *Uber den Prozess der Zivilization. Soziogenetische und psychogenetische Untersuchungen*. Basiléia, 1939 (reedições em Berna: Verlag Francke AG, 1969; e Frankfurt am Main: Suhrkamp Verlag, 1979). (Trad. português: *O processo civilizador*. Rio de Janeiro: Jorge Zahar, 1994. 2 v.)

FISH, Stanley. *Is there a text in this class? The authority of interpretive communities*. Cambridge, Mass.; Londres: Harvard University Press, 1980.

FORMES DE LA GENERALISATION. *Annales. Histoire, Sciences Sociales*, 2007.

FOUCAULT, Michel. *L'Archéologie du savoir*. Paris: Gallimard, 1969. (Trad. português: *A arqueologia do saber*. Rio de Janeiro: Forense, 1986.)

FOUCAULT, Michel. Nietzsche, la généalogie, la morale. (1971). In: FOUCAULT, Michel. *Dits et écrits* – 1954-1988, t. II. Dir.: Daniel Defert; François Ewald. Paris: Gallimard, 1970-1975. p. 136-156. (Trad. português: *Ditos e escritos*. Rio de Janeiro: Forense Universitária. 2. ed. 2002-2006. 5 v.)

GEERTZ, Clifford. *The interpretation of culture*. Nova York: Basic Books, 1973. (Trad. português: *A interpretação das culturas*. Rio de Janeiro: Ed. Guanabara, 1989.)

GEREMEK, Bronislaw. *Inutiles au monde. Truands et misérables dans l'Europe moderne (1350-1600)*. Paris: Gallimard e Julliard, 1980.

GINZBURG, Carlo. *History, rhetoric, and proof. The Menahem Stern Jerusalem Lectures*. Haover; Londres: University Press of New England, 1999. (Trad. português: *Relações de força: história, retórica, prova*. São Paulo: Companhia das Letras, 2002.)

GINZBURG, Carlo. *I Benandanti. Stregoneria e culti agrari tra Cinquecento e Seicento*. Turim: Giulio Einaudi editore, 1966. (Trad. português: *Os andarilhos do bem: Feitiçarias e cultos agrários nos séculos XVI e XVII*. São Paulo: Companhia das Letras, 1988.)

GINZBURG, Carlo. *Il formaggio e i vermi. Il cosmo di un mugnaio del'500*. Turim: Giulio Einaudi Editore, 1976. (Trad. português: *O queijo e os vermes: O cotidiano e as idéias de um moleiro perseguido pela Inquisição*. São Paulo: Companhia das Letras, 2005.)

GINZBURG, Carlo. Representation: le mot, l'idée, la chose. *Annales. Histoire, Sciences Sociales*, 1991, p. 1219-1234.

GINZBURG, Carlo. Spie. Radici di um paradigma indiziario. In: GARGANI, Aldo (Ed.). *Crisi della ragione*.

Nuovi modelli nell rapporto tra spare e attività umane. Turim: Einaudi, 1979. p. 56-106.

GINZBURG, Carlo. *Storia notturna, una decifrazione del sabba.* Turim: Gilio Einaudi Editore, 1989. (Trad. português: *História noturna: decifrando o sabá.* São Paulo: Companhia das Letras, 1991.)

GRAZIA, Margreta de; STALLYBRASS, Peter. The materiality of the Shakesperean text. *Shakespeare Quartely,* v. 44, n. 3, 1993, p. 255-283.

GREENBLATT, Steven. *Shakespearean negotiations. The circulation of social energy in renaissance England.* Berkley; Los Angeles: University of California Press, 1988.

GREG, Walter. *Collected papers.* J. C. Maxwell (Ed.). Oxford: Clarendon Press, 1966.

GRUZINSKI, Serge. *La colonisation de l'imaginaire. Sociétés indigènes et occidentalisation dans le Mexique espagnol, XVIe-XVIIIe siècles.* Paris: Gallimard, 1988. (Trad. português: *A colonização do imaginário*: *Sociedades indígenas e ocidentalização no* México *espanhol - Séculos XVI e XVIII.* São Paulo: Companhia das Letras, 2003.)

GRUZINSKI, Serge. Les mondes mêlés de la Monarchie catholique et autres "connected histories". *Annales. Histoire, Sciences Sociales,* 2001, p. 85-117.

GRUZINSKI, Serge. *Les quatre parties du monde. Histoire d'une mondialisation.* Paris: Éditions La Martinière, 2004.

HARTOG, François. L'art du récit historique. In: BOUTIER, Jean; JULIA, Dominique (Dir.). *Passés recomposés. Champs et chantiers de l'histoire.* Paris: Éditions Autrement, 1994. p. 184-193.

HOBSBAWN, Eric. L'historien entre la quête d'universalité et la quête d'identité. *Diogène,* n. 168, oct./dic. 1994, p. 52-86.

HUNT, Lynn (Ed.). *The new cultural history.* Berkeley; Los Angeles; Londres: University of California Press, 1989. (Trad. português: *A nova história cultural.* São Paulo: Martins Fontes, s.d.)

ISER, Wolfgang. *Der Akt des Lesens*. Munich: Wilhelm Fink Verlag, 1976. (Trad. português: *O ato da leitura: uma teoria do efeito estético*. São Paulo: Ed. 34, 1999.)

JAUSS, Hans Robert. *Literaturgeschichte als Provokation*. Frankfurt am Main: Suhrkamp Verlag, 1974. (Trad. português: *A história da literatura como provocação à crítica literária*. São Paulo: Ática, 1994.)

KASTAN, David Scott. *Shakespeare and the book*. Cambridge: Cambridge University Press, 2001.

KOSELLECK, Reinhard. Geschichte. In: BRUNNER, O.; CONZE, W.; KOSELLECK, R. (Eds.). *Geschichtliche Grundbegriffe. Historisches Lexikon zur politisch-sozialen Sprache in Deutschland*. Stuggart: Klett-Cotta, 1975, v. 2, p. 647-717.

KOSELLECK, Reinhart. Erfahrungswandel und Methodeweschel. Eine historische historisch-anthropologische Skizze. In: MEIER, C.; RÜSEN, J. (Eds.). *Historische Methode*. Munich: Taschenbuch, 1998. p. 13-61.

LEVI, Giovanni. *L'eredità immateriale. Carriera di un esorcista nel Piemonte del seicento*. Turim: Einaudi, 1985. (Trad. português: *A herança imaterial*. Trajetória de um exorcista no Piemonte do século XVII. Rio de Janeiro: Civilização Brasileira, 2000.)

MARIN, Louis. *Le Portrait du roi*. Paris: Les Éditions de Minuit, 1981.

MCKENZIE, D. F. *Bibliography and the sociology texts*. The Panizzi Lectures, 1985; Londres: The British Library, 1986.

MCKERROW, R. B. *An introduction to bibliography for literary students*. Oxford: Clarendon Press, 1927.

ORY, Pascal. *L'histoire culturelle*. Paris: Presses Universitaires de France, 2004.

PASSERON, Jean-Claude; REVEL, Jacques (Dir.). *Penser par cas*. Paris: Éditions de l'École des Hautes Études en Sciences Sociales, Enquête, 2005.

PETRUCCI, Armando. *Writers and readers in medieval Italy: Studies in the history of written culture.* New Haven; Londres: Yale University Press, 1995.

POIRRIER, Philippe. *Les enjeux de l'histoire culturelle.* Paris: Éditions du Seuil, 2004.

REVEL, Jacques (Dir.). *Jeux d'échelle. La microanalyse à l'épreuve.* Paris: Gallimard/Seuil, 1996. (Trad. português: *Jogos de escala: a experiência da micro-análise.* Rio de Janeiro: Ed. da FGV, 1998.)

RICO, Francisco. *El texto del Quijote. Preliminares a una ecdótica del Siglo de Oro.* Barcelona: Destino, 2006.

RICŒUR, Paul. *Mémoire, histoire, oubli.* Paris: Éditions du Seuil, 2000. (Trad. português: *A memória, a história, o esquecimento.* Campinas: Unicamp, 2007.)

RICŒUR, Paul. *Temps et récits.* Paris: Editions du Seuil, t. I. *L'intrigue et le réctis historique*, 1983. (Trad. português: *Tempo e narrativa*, t. I. São Paulo: Papirus, 1994.)

RÜSEN, Jörn (Org.). Perspectives on global history: Concepts and Methodology/Mondialisation de l'histoire: concepts et méthodologie. In: *Proceedings/Actes, 19th International Congress of Historical Sciences/XIXe Congrès International des Sciences Historiques*, Oslo, 2000. p. 3-52. Disponível em: <http://www.oslo2000.uio.no/program/mt1a.htm>.

SCHORSKE, Carl. *Fin-de-siècle Vienna. Politics and Culture.* Nova York: Cambridge University Press, 1979. (Trad. português: *Viena fim-se-século.* São Paulo: Companhia das Letras; Campinas: Unicamp, 1990.).

SCOTT, Joan. *Only paradoxes to offer: French feminists and the rights of man.* Cambridge, Mass.; Londres: Harvard University Press, 1996. (Trad. português: *A cidadã paradoxal:* as *feministas francesas e os direitos do homem.* Florianópolis: Ed. Mulheres, 2002.)

SERNA Justo; PONS, Anaclet. *La história* cultural. Autores, obras, lugares. Madrid: Akal, 2005.

SUBRAHMANYAM, Sanjay. Connected histories: Notes towards a reconfiguration of early modern Eurasia. In: LIEBERMAN, V. (Ed.). *Beyond binary histories: Re-imagining Eurasia to c. 1830*. Ann Arbor: The University of Michigan Press, 1977. p. 289-315.

SUBRAHMANYAM, Sanjay. Du Tage au Gange au XVIe siècle: une conjoncture millénariste à l'échelle eurasiastique. *Annales. Histoire, Sciences Sociales*, 2001, p. 51-84.

SUBRAHMANYAM, Sanjay. On world historians in the sixteenth century. *Representations*, n. 91, 2005, p. 26-57.

VEYNE, Paul. *Comment on écrit l'histoire. Essai d'épistémologie*. Paris: Éditions du Seuil, 1971. (Trad. português: *Como se escreve a história*. 4. ed. Brasília: UNB, 1998.)

WHITE, Hayden. *Metahistory. The historical imagination in nineteenth-century Europe*. Baltimore; Londres: The Johns Hopkins University Press, 1973. (Trad. português: *Meta-história: A imaginação histórica do século XIX*. São Paulo: Edusp, 2008).

Este livro foi composto com tipografia Minion Pro e impresso
em papel Pólen bold 90 g/m² na Formato Artes Gráficas.